LIGUE

DE LA

CONSULTATION NATIONALE

*

RÉUNION DE MONTAUBAN

DU 26 AOUT 1888

SIÈGE DE LA LIGUE :

3, RUE DE BOURGOGNE

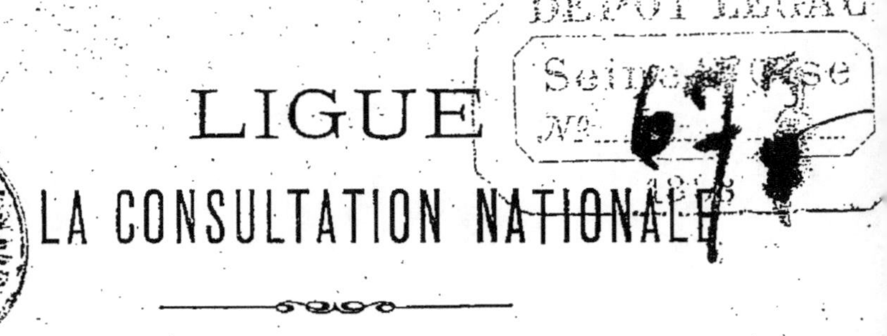

LIGUE
DE LA CONSULTATION NATIONALE

Le Dimanche 26 Août, avait lieu, à Montauban, une importante manifestation conservatrice. Des milliers d'électeurs de Tarn-et-Garonne avaient été convoqués par M. Henri DELBREIL, sénateur, Président du Comité conservateur départemental ; plus de quatre mille, venus de tous les points du département, avaient répondu à cet appel.

Devant cette magnifique réunion, MM. DÈLBREIL, sénateur, ARNAULT, PRAX-PARIS et TRUBERT, députés de Tarn-et-Garonne, prirent successivement la parole et déclarèrent faire adhésion à la Ligue dont le programme avait été exposé par M. Jules AUFFRAY, Secrétaire général.

Le résultat de cette résolution ne se faisait pas atttendre. En quelques semaines, des milliers d'adhérents suivaient l'exemple de leurs élus et le département de Tarn-et-Garonne prenait la tête, dans le mouvement qui emporte les conservateurs vers une œuvre éminemment patriotique.

Voici le discours de M. le Secrétaire général :

Programme de la Ligue : Union des Conservateurs sur le terrain de la consultation nationale.

MESSIEURS,

Dans ces admirables assises tenues par les conservateurs de Tarn-et-Garonne, entouré de tous vos élus, ceux de 1885 qui seront ceux de 1889, j'ai été invité à exposer le programme de la Ligue dite de Consultation nationale dont le double but : rendre aux conservateurs la majorité dans le Parlement et au pays, par une consultation libre et directe, la disposition de lui-même, est digne de tous les efforts des patriotes sincères.

Je réponds à cet appel ; et tout d'abord, puisque nous marchons, en 1889, à une grande bataille électorale, dont l'enjeu est le gouvernement même de la France, commençons par examiner les forces de nos adversaires et les nôtres.

FORCES DU PARTI RÉPUBLICAIN

Opportunistes et radicaux ont beau s'injurier; ils restent unis par intérêt.

Nos adversaires sont unis. Sans doute ils s'injurient avec violence, parce qu'au fond ils se détestent et se méprisent; sans doute ils se divisent en opportunistes et radicaux, opportunistes dès qu'ils sont parvenus au pouvoir, pour s'y cramponner au mépris de leurs engagements; radicaux quand ils font à leurs électeurs les promesses les plus irréalisables, quand, de concessions en concessions, ils acceptent les plus néfastes conceptions des plus violents d'entre eux. Mais, leur concentration, ils la font toujours et n'importe où, leur intérêt personnel leur tenant lieu de tout principe. En 1885, ils la faisaient sur ce terrain vague où se heurtaient les affirmations les plus contradictoires, depuis le libéralisme nébuleux de Frédéric Passy jusqu'aux revendications socialistes et révolutionnaires des Basly, des Camélinat, élus sur la même liste, avec leurs programmes discordants, députés de Paris. Hier, ils ont osé la faire, dans l'élection de Marseille. sur le nom sinistre de Félix Pyat, et, à la Chambre même, sur le discours de cet homme qui glorifiait la Commune. Ainsi leur concentration criminelle s'opère au flamboiement des incendies de 1871, et nous promet, lorsqu'il sera de leur intérêt, le retour des orgies, des atrocités, des hontes de cette sanglante époque.

Mais ils sont singulièrement affaiblis :

Mais, si unis qu'ils soient, nos adversaires ont vu leurs forces décroître, c'est le résultat de leurs fautes accumulées depuis douze ans. Lorsqu'un parti arrive au pouvoir avec une majorité formidable, comme en 1876, et qu'il entasse, en quelques années, les folies, les prodigalités, les violences, les persécutions par lesquelles les républicains ont signalé leur passage, l'exercice même du pouvoir dont ils abusent les affaiblit rapidement.

Par leur incapacité financière;

Faut-il rappeler ce qu'ils ont fait de notre situation financière; comment en douze ans, en pleine paix, — le matériel de notre

armée étant refait et la rançon de cinq milliards payée à
l'étranger, — ils sont parvenus à porter de deux à trois milliards notre budget annuel; à jeter notre or à pleines mains en
des travaux publics que, la plupart du temps, les intérêts élec-
toraux seuls commandaient; en des augmentations du personnel
des administrations et des traitements de fonctionnaires dont
leurs amis seuls, et non le service public, profitaient; en des
dotations scandaleuses à toutes les prétendues victimes nées ou
à naître, et, en réalité, aux criminels auteurs des émeutes qui
ont depuis quarante ans, déshonoré la France; en de grasses
fonctions ou sinécures attribuées — à défaut d'une dotation
spéciale que la crainte d'un trop gros scandale leur a empêché
de voter — à tous ceux qui, membres de la Commune, ont
arraché l'amnistie aux législateurs, non par l'oubli repentant,
mais par la glorification bruyante de leur crime de lèse-patrie?

Et au bout de ces orgies, était le déficit annuel, reconnu tour
à tour et nié par les opportunistes, quand les radicaux l'emportent et par ceux-ci quand les opportunistes reprennent l'exercice
d'un pouvoir lucratif!

Et au bout de ces déficits, la banqueroute! Alors que ni la
Monarchie, ni l'Empire, malgré de lourdes charges, n'ont jamais
cessé de faire honneur à la signature de la France; la République, — on dirait par une loi fatale, — a été trois fois notre
gouvernement et trois fois elle est tombée dans un abîme finan-
cier. En 89, c'est le *tiers consolidé*; les porteurs de rentes
voient engloutir deux francs sur trois. En 1848, c'est l'impôt,
tristement célèbre, des *45 centimes*; en 1888, c'est, après des
augmentations effrayantes de dépenses, l'humiliante perspective
de craindre que notre gouvernement n'en arrive à faillir à ses
engagements financiers !

Par la persécution religieuse et scolaire;

Faut-il réveiller les blessures portées à chacun de ceux qui
m'écoutent, par des atteintes douloureuses à ce que vous avez
de plus intime, de plus délicat, de plus cher : votre liberté de
conscience? Rappeler le souvenir des expulsions des religieux,
déjà vieilles de huit ans, et des persécutions de toutes sortes
dont vos prêtres sont, chaque jour, victimes? Citer, pour les
flétrir avec vous, ces lois sur l'enseignement qui ont chassé des
écoles publiques, non seulement les Frères et les Sœurs, mais
encore tout enseignement religieux, qui ont fait aux écoles libres
les conditions si dures que, sur un grand nombre de points, le
dévouement le plus persévérant ne parvient point à les ouvrir?
Constater enfin cette coalition sacrée qui, dans votre département en particulier où catholiques et protestants vivent côte à
côte, réunit dans le même élan de protestation toutes les

confessions religieuses, tous ceux qui ne veulent pas qu'au prix d'un enseignement athée, l'Etat leur prenne leurs enfants, les corrompe dans ses écoles et ne leur livre, à la sortie des classes, que des fils sans foi et des filles sans honneur?

Par les dénonciations qui font de tous les fonctionnaires autant de suspects ;

Faut-il compter les dénonciations qui, pénétrant dans tous les domiciles, semant le soupçon et la discorde dans toutes les familles, atteignent tous ceux qui, de près ou de loin, touchent à l'administration, lorsque leur place, si modeste qu'elle soit, est convoitée par quelque intrigant bien appuyé? Montrer comment tout est imputé à crime à ceux auxquels on veut arracher des fonctions qui sont leur gagne-pain, tout, et leurs parents, et leurs amis, et leur vie, et jusqu'à leurs pensées même? Essayer de dépeindre le régime de terreur inouï étendu à la France tout entière ?

Par la crise agricole, industrielle, commerciale pour laquelle ils ne savent rien faire ;

Et pendant qu'ils se livrent à ces débauches de persécutions et de violences, nos maîtres laissent l'agriculture se débattre, avec des remèdes insuffisants, contre une effroyable crise ; l'industrie s'épuiser en efforts surhumains pour fournir du travail aux millions de bras qu'elle est impuissante à garder ; le commerce s'endetter, au milieu de l'arrêt de toutes les transactions, dont la chute du crédit est cause ; des grèves, plus funestes encore aux ouvriers qu'aux patrons, se fomenter et s'étendre, encouragées par une impunité scandaleuse ou entravées par une répression incohérente et démesurée, qui portent l'une et l'autre la marque des contradictions, de l'affolement et de l'impuissance au milieu desquels le gouvernement s'agite!

Par l'impunité accordée aux tripoteurs : Wilson et Cie ;

N'est-ce pas la même marche incohérente quand il s'agit de la répression des crimes de droit commun? Vis-à-vis de Wilson, tantôt ils feignent de n'avoir pas assez de rigueurs, tantôt ils déploient un trésor d'indulgence ; puis, en définitive, quand l'opinion publique attend, exige une répression sévère, un inexplicable acquittement qui rend et le gouvernement et la justice complices d'une véritable association de trafiquants, arrache le tripoteur à la prison dont les portes ne se referment pas toujours sur d'aussi parfaits misérables !

Plus près de vous, ce n'est point la justice qui a failli ; elle a condamné à la prison, pour une grave fraude électorale, le maire de Carcassonne, le légendaire Jourdanne et le ministère public a fait mettre à exécution le jugement du tribunal. Mais, ô honte ! le gouvernement frappe de disgrâce le magistrat assez hardi pour avoir accompli son devoir, mis sous les verroux l'ami du Préfet et obligé ce haut fonctionnaire à prendre place dans une cellule, quand il veut s'entretenir avec le détenu qu'il a pour ami !

Par leur incapacité diplomatique.

Cependant, témoins de nos stériles agitations intérieures, à nos frontières guettent des ennemis plus prêts que jamais à la lutte : un jeune empereur, avide de cueillir des lauriers, a succédé à celui dont la sagesse et la satiété de victoires étaient une garantie pour la paix européenne ; une nation jeune, que la France a contribué à faire, est saisie de l'âpre désir de prendre sa part d'un nouveau démembrement de notre patrie ; les plus graves évènements nous menacent et ceux qui, chez nous, ont mission de les surveiller et d'y parer, étalent, dans des notes diplomatiques confuses, incohérentes, une incapacité effrayante.

Assez de ces gens-là !

Persécutions et gaspillages au dedans ; incapacité au dehors ; telle est la situation que nous créent ceux qui tiennent le pouvoir !

Etonnez-vous qu'après cela un cri fait de haines, de dégoûts, de douleurs, s'échappe de toutes les bouches : « Assez, assez de ces gens-là ! »

FORCES DES CONSERVATEURS.

En face des opportunistes et des radicaux affaiblis l'opposition conservatrice se fortifie.

Aussi, voyez comme leur édifice craque de toutes parts ; en 1881, l'opposition conservatrice était réduite à 80 membres ; en 1885, le pays se réveille, il envoie à la Chambre 220 conservateurs. Alors le gouvernement s'effraye ; à coups d'invalidations il diminue cette redoutable minorité, il lui arrache quarante sièges ; quand les invalidations ne lui suffisent pas, il ne craint pas de recourir à la fraude, et M. Brunel — que je salue ici — élu comme vos autres députés, se voit arracher les voix qui l'envoyaient, qui le renverront à la Chambre !

Et depuis quelques mois, qu'est-ce que ces élections triomphales, au nord comme au midi, à l'est comme à l'ouest, dans les Charentes et dans la Dordogne, dans la Somme et dans le Nord, sinon la protestation virulente de l'opinion publique dégoûtée cont·e un gouvernement qui s'effondre sous le mépris !

Le peuple revient aux conservateurs, leur demandant de faire le contraire de ce qui est :

Le pays demande que les conservateurs reprennent le pouvoir, redeviennent la majorité ; il leur demande, en deux mots, de *faire le contraire de ce qui est*, sachant bien que ce contraire, si imparfait tout d'abord que puissent le rendre les circonstances, vaudra toujours mieux que le détestable régime actuel. C'est à cet effort patriotique que la nation elle-même, prise de lassitude, d'effroi, de dégoût convie les conservateurs de tous les partis.

Mais les républicains de gouvernement tiendront ferme.

Mais ne vous y trompez pas, la prochaine lutte sera chaude ; le gouvernement fera appel à la violence, à la fraude, aux injures, aux calomnies, aux falsifications ; il est capable, pour se maintenir, selon un mot énergique de Victor Hugo, de tout et de quelque chose de pire encore.

Choix du terrain du combat : plate-forme électorale des conservateurs.

Contre de tels adversaires, quel plan de campagne adopter ?
Aux députés de la droite, aux élus du suffrage universel il appartenait de s'adresser à ce suffrage et de déterminer ce plan, et ils devaient s'y prendre longtemps à l'avance, afin d'être prêts à tout évènement. C'est ce qu'ils ont fait, à une très grande majorité, dans leur séance plénière du 25 mai dernier ; de leur décision est sortie la Ligue dont j'ai à vous exposer le programme.

Les conservateurs ne combattront pas avec des affirmations dynastiques exclusives ; ils se froisseraient mutuellement, au profit de leurs communs adversaires.

Le choix existait entre deux tactiques. On pouvait estimer l'heure venue de dénoncer l'union conservatrice, et de présenter au pays des affirmations exclusivement dynastiques ; les uns et les autres, monarchistes et impérialistes pouvaient dire au suffrage universel : « Nous sommes monarchistes ou impérialistes ; c'est *parce que* nous le sommes que nous vous demandons de voter pour nous ; venez à nous sur notre propre terrain ; sacrifiez votre principe en faisant adhésion au nôtre. »

Cette entreprise chevaleresque avait de quoi séduire plus d'un courage ; elle présentait en outre l'avantage de compter les forces absolument acquises à chacun des partis qui existent au sein de la masse conservatrice du pays. A tous ces titres elle était appuyée par une partie de la presse, que son rôle spécial et fort utile, qui est de rappeler sans cesse les principes et d'en empêcher ainsi l'oblitération dans les esprits, prédispose aux affirmations doctrinales.

Cet appui était d'autant plus considérable que la presse conservatrice départementale a pris, depuis quelques années, grâce au talent de ses rédacteurs et au développement de son action, une influence prépondérande. On n'en est plus à compter les services rendus par ces vaillants de la plume qui, secouant les engourdis, soutenant les actifs, font de toutes parts front à nos adversaires et ont si puissamment contribué au réveil de la France conservatrice !

Or cette entreprise a été tentée.

Il y a quelques mois, à Marseille, un homme se présentait exclusivement sur ce terrain dynastique ; par les termes d'une profession de foi qui, dans sa concision vigoureuse, ne laissait place à aucune alternative, il invitait les électeurs à voter pour lui, non point comme des conservateurs pour un conservateur, mais comme des monarchistes pour un des leurs. Écrivain de premier ordre, orateur d'une impitoyable logique et d'une chaude éloquence, jouissant d'une notoriété européenne, monarchiste qui devait trouver le plus chaleureux appui auprès des monarchistes, partisan convaincu du suffrage universel et de la doctrine plébiscitaire, à qui ces convictions depuis longtemps connues devaient rattacher les impérialistes : j'ai nommé M. Hervé. Il se présentait dans ce département des Bouches-du-Rhône, habitué, sous le gouvernement de Juillet et sous l'Empire, par une sorte de coquetterie politique dont il avait sans doute gardé le souvenir, à porter sur Berryer les suffrages coalisés de tous ceux qui voulaient donner à l'opposition la voix éloquente du grand royaliste. Et tandis que tout semblait se réunir pour contribuer au succès de M. Hervé, que voyait-il devant lui ? Le plus effrayant et le plus cynique des survivants et des glorificateurs de la Commune ; le résultat a été... l'échec de M. Hervé, qui n'avait ni gagné une voix républicaine, ni obtenu l'union, sur son nom, de toutes les voix conservatrices.

Plus récemment encore, dans la Dordogne, un général sympathique entre tous, ministre de la guerre dont l'esprit d'organisation, la spirituelle éloquence étaient reconnus de tous les partis, le général du Barrail, président du comité central impérialiste, sondait le terrain pour affronter la lutte dans les mêmes conditions. Au bout de quelques jours, il acquérait la conviction que sa candidature diviserait les forces conservatrices qu'il voulait réunir, et avec une loyauté désintéressée à laquelle tous ont rendu hommage, il se retirait pour laisser passer M. Taillefer.

La conclusion s'impose; si deux hommes de cette importance n'ont pas pu, en se présentant sur un programme exclusivement dynastique, grouper toutes les voix conservatrices, c'est que leur programme heurtait trop violemment certaines convictions, c'est qu'il n'était pas le bon.

Est-il difficile de le comprendre? Il est impossible de demander à des hommes fortement attachés à leurs convictions par les souvenirs respectables et les espérances légitimes de la fidélité, d'oublier le passé, de renoncer à l'avenir, sur la simple invitation de leurs adversaires, sans qu'une autorité arbitrale soit venue imposer à leur patriotisme ce douloureux sacrifice.

Est-on sûr d'autre part de compenser par l'acquisition des voix irrésolues, ces pertes importantes? Ce serait mal connaître les causes de l'hésitation épeurée des irrésolus, que de s'imaginer que des affirmations nettes peuvent les entraîner, si elles ne correspondent pas à un de ces indiscutables et puissants mouvements de l'opinion publique, qui emportent toutes résistances.

L'union plus que jamais, l'union est nécessaire aux conservateurs.

Il fallait donc que les députés conservateurs, cherchassent un autre terrain d'attaque, contre leurs adversaires.

Il leur a paru plus nécessaire que jamais de proclamer *l'union* étroite, absolue entre tous les conservateurs. Sans quoi, entre leurs groupes divisés, allait passer une fois de plus le torrent de l'armée républicaine tout entière, entraînant, par ce nouveau triomphe, une recrudescence de destructions et de souffrances.

Le problème était dès lors de trouver un terrain honorable de rencontre où fussent possibles les rapprochements d'aujourd'hui, les réconciliations politiques de demain; une formule d'affirmation assez nette pour satisfaire les hommes justement désireux de dire franchement aux électeurs tout ce qu'ils étaient, mais assez large pour contenir tous les dévouements conservateurs.

Mais cette union ne doit plus s'affirmer seulement sur un terrain d'affaires, comme en 1885.

Ce terrain pouvait-il être le même que celui qui a servi à l'union conservatrice en 1885 ? Cette affirmation pouvait-elle se borner, comme alors, à la promesse d'une politique d'affaires ? Non ; cette politique avait eu son heure, produit son résultat ; elle n'avait plus de raison d'être ; elle était dépassée par les évènements.

Elle avait donné la minorité conservatrice de 1885, dont la tâche — laissez-moi vous le dire en passant — était singulièrement délicate.

La minorité conservatrice de 1885 a fait tout ce qu'elle a pu, mais sa tâche est au bout.

Etre minorité, c'est-à-dire dans l'impossibilité de gouverner, et cependant minorité si forte que presque toujours ses votes devaient faire et défaire les ministères ; devenir par conséquent, aux yeux des observateurs peu attentifs ou partiaux, responsable de tout le mal que les adversaires avec lesquels elle se rencontrait faisaient à la France ; et n'avoir presque toujours, pour se décider entre le pour et le contre, entre des radicaux et des opportunistes, également détestables, que des raisons bien douteuses et des espérances bien fragiles : telle était la situation difficile de la minorité conservatrice de 1885.

Il lui fallait à tout prix démontrer au pays que, si la machine gouvernementale ne fonctionnait pas, la faute ne venait pas d'une minorité prête, pour faciliter dans un intérêt patriotique supérieur la tâche du gouvernement de la France, à aller jusqu'au bout des concessions compatibles avec l'honneur et la conscience. D'où la longue expérience du ministère Rouvier.

Vous ne l'avez pas toujours comprise, peut-être, vous qui ne cessiez de souffrir des persécutions d'un ministère qui ne désarmait qu'à la tribune et poursuivait en province sa lutte contre tout ce qui vous est cher ! Expérience douloureuse qui a causé à vos députés, ceux qui les voyaient à l'œuvre en ont été témoins, des angoisses indicibles de conscience ! Expérience nécessaire, car elle a démontré, jusqu'à l'évidence, qu'un ministère républicain était incapable, absolument incapable, même dans l'intérêt de son parti, de donner la moindre satisfaction aux principes conservateurs sur lesquels repose toute société !

Son expérience démontre qu'il faut modifier le gouvernement lui-même ; c'est le programme de la Ligue.

Le résultat même de cette expérience indiquait le terrain à choisir par les Conservateurs. Puisque la machine gouvernementale, qu'elle fût manœuvrée par des opportunistes ou par des radicaux, par des violents ou par des modérés, ne pouvait fonctionner, c'était cette machine même qu'il fallait modifier.

Poursuivre la dissolution d'une Chambre malfaisante et incapable ; poursuivre la révision d'une Constitution dont on a retranché l'article en vertu duquel le pays pouvait modifier son gouvernement ; s'adresser enfin à la consultation directe de la nation, pour trancher, d'une façon souveraine, la question de la forme de gouvernement à donner au pays : tel est le programme que la Ligue vous offre, je me trompe, le programme que vous avez déjà adopté, car il est exposé magistralement dans le vœu que l'un de vos députés, M. Prax-Paris, proposait ces jours-ci à votre Conseil général, provoquant, de la part de M. le Préfet de Tarn-et-Garonne, une explosion d'aménités dont vous conserver z le souvenir.

Programme respectant la liberté d'action de tous : Monarchistes, Impérialistes, Républicains sincères et désintéressés.

Programme d'une netteté absolue, bien fait pour satisfaire ceux qui voulant sortir de la politique d'affaires de 1885, jugent l'heure venue des affirmations complètes. Tel est le mérite, en effet, de la formule présentée par la Ligue aux conservateurs qu'elle n'empêche aucune déclaration de principes. Ainsi d'un côté, MM. le duc de Doudeauville, de Breteuil, Jacques Piou, membres du comité des Douze, ont pu exposer le programme de la Ligue en déclarant bien haut, sans ambages, que le jour venu de la consultation nationale, ce serait la solution monarchique qu'ils proposeraient au pays ; de l'autre M. Paul de Cassagnac, l'indomptable champion de l'union conservatrice, M. Delafosse, également membres du comité, restent dans les limites de la Ligue en affirmant leurs préférences impérialistes; ici M. Taillefer se présentait aux électeurs de la Dordogne et obtenait le concours de tous les conservateurs en se présentant comme impérialiste, mais sur le programme de la Ligue ; là, M. Julien Dumas se présentait, comme monarchiste, aux électeurs du Loiret, mais ralliait, avec le programme de la Ligue, tous les conservateurs et préparait le succès des élections générales. Plus récemment enfin, dans une réunion royaliste tenue ces jours-ci à Bourges, M. le marquis de Vogué disait ses espérances monarchiques mais déclarait se maintenir strictement, jusqu'au jour où leur réalisation deviendrait possible par l'entente de tous, sur le terrain parfaitement déterminé de l'union conservatrice.

Tous gardant leur indépendance et poursuivant leur action propre, disent où vont leurs vœux, où sont dirigés leurs efforts pour déterminer le courant de l'opinion publique ; mais tous reconnaissent que c'est seulement par l'union sans abdication, sans sacrifice de tous les conservateurs, qu'on peut amener la nation à cette consultation nécessaire.

Telle est la force d'une idée juste et nette.

Qu'il reste une part d'inconnu, qu'on ne sache pas dans quel sens se prononcera le pays, c'est incontestable, mais cet inconnu est le même, soit qu'on repousse, soit qu'on maintienne l'union de tous les conservateurs.

Programme satisfaisant pour tous, parce qu'il crée l'arbitrage de la nation, directement consultée.

Seulement cette formule a cela d'avantageux, qu'elle met tout le monde d'accord, parce qu'elle aboutit à la consultation de la nation ; que le consentement du pays est indispensable à tout gouvernement et que, lorsqu'il est exprimé, lorsque cet arbitrage suprême s'est prononcé, l'apaisement se fait. Le Gouvernement, créé ou consacré par ce plébiscite, repose sur la base la plus large et la plus solide que puisse offrir la société démocratique au milieu de laquelle nous vivons ; son point de départ est bon. A lui de faire ce que nul mode d'avènement ne peut lui donner, à lui de gouverner de manière à fortifier les fidélités acquises et à en gagner de nouvelles.

La pacification sortira de là ; quand la nation aura parlé, tous les bons citoyens s'inclineront.

Certes, il peut y avoir des vaincus dans cette grande consultation ; ceux-là sauront, quels qu'ils soient, s'incliner devant le verdict qu'ils ont provoqué. Ils garderont le droit de poursuivre, par les voies d'une opposition constitutionnelle, par celle de Berryer et des Cinq, sous l'Empire, l'application des principes qu'ils considèreront comme méconnus ; ils cesseront d'être libres d'attaquer, à moins qu'il ne se rende indigne de sa mission, le gouvernement même, sorti légalement, sincèrement du vote populaire.

Qui peut condamner une telle formule ? Ce ne sont ni les impérialistes, dont le plébiscite est le principe même ; — ni les royalistes, qui n'ont jamais nié que le consentement de la nation fût nécessaire pour renouer, par un acte nouveau, le vieux pacte national, et dont les titres subsistent dans leur intégrité, alors même que l'application du droit monarchique est suspendue par l'existence d'un autre gouvernement; — ni enfin les républicains, qui ne refusent pas de se rendre à l'évidence, et de reconnaître, comme l'avait exposé Gambetta en 1870, sous l'Empire, que, s'il est un gouvernement au monde qui n'ait pas le droit de se soustraire au verdict du pays, c'est, par son essence même, une République. De telle sorte que, lorsque ces républicains sont conservateurs, — il y en a — il ne peut pas leur en coûter d'accepter un arbitrage aussi solennel et, la question de la forme du gouvernement une fois tranchée, même contre eux, de se retrouver d'accord, sur un grand nombre de principes sociaux, avec le gros des conservateurs.

Seuls, ces républicains qui, depuis qu'ils sont au pouvoir, on inventé une république de droit divin, supérieure à la volonté nationale elle-même, contesteraient la portée d'une consultation, dont ils redoutent le résultat, mais nous ne sommes pas ici pour reconnaître à la République un tel caractère!

Organisation de la Ligue : Comité des Douze.

Vous désirez savoir l'organisation de la Ligue qui a mis ces idées en mouvement; la voici en deux mots.

La réunion plénière des Droites de la Chambre choisissait, le 25 mai, douze de ses membres : MM. le duc de Doudeauville, député de la Sarthe, président de la Droite royaliste; Jolibois, député de la Charente-Inférieure, président du groupe impérialiste de l'Appel au Peuple; Baron de Mackau, député de l'Orne, président de l'Union des Droites; et en outre MM. Berger, député de Maine-et-Loire; de Breteuil, député des Hautes-Pyrénées; Paul de Cassagnac, député du Gers; Léon Chevreau, député de l'Oise; Jules Delafosse, député du Calvados; de Maillé, député de Maine-et-Loire; de Martimprey, député du Nord; Albert de Mun, député du Morbihan; Jacques Piou, député de la Haute-Garonne : c'est le *Comité des Douze.*

Ce comité a décidé que, par l'envoi de bulletins, de brochures, par l'organisation de réunions, un appel serait adressé à tous les électeurs conservateurs pour les engager à adhérer à la Ligue; et que, pour favoriser ces adhésions, la *somme la plus modique* donnerait droit au titre d'adhérent,

Il faut, vous le comprenez sans peine, que les ligueurs se chiffrent par milliers; à s'unir, à voir cette union s'affirmer par l'adhésion à la Ligue, les conservateurs se sentiront forts; et ce sentiment rendra leur action plus énergique et leur victoire plus certaine.

Le Général Boulanger ;
attitude des Conservateurs vis-à-vis de lui.

Tel est le terrain choisi ; telle est la formule adoptée ; fallait-il les abandonner parce qu'un parti nouveau s'était formé, qui, lui aussi, a adopté comme plate-forme électorale la formule des conservateurs ? J'ai nommé le parti du général Boulanger.

Au philosphe, au moraliste de s'étonner d'une popularité dont les causes complexes sont difficiles à démêler, de refuser de suivre le courant qui emporte une partie du corps électoral.

Le politique a une autre tàche, celle de mesurer l'intensité de ce courant, d'en apprécier la direction, de le combattre ou de l'utiliser, suivant les inspirations de sa conscience et l'intérêt des principes qu'il soutient.

La conduite à suivre est bien simple quand, par leurs seules forces, sans l'adjonction d'aucun élément étranger, les conservateurs peuvent avec avantage lutter contre leurs adversaires.

Vous ètes dans cette situation enviable dans le Tarn-et-Garonne ; vous la devez à votre puissante organisation, dont je touche ici, dans cette imposante réunion, les admirables résultats, et dont tout le monde me permettra de reporter le principal honneur au président de cette assemblée, à l'homme dévoué, actif, infatigable qui vous représente si dignement au Sénat, M. Henri Delbreil.

Ailleurs également, la conduite à tenir n'était pas plus difficile, lorsque, dans la Charente, par exemple, un conservateur affrontait la lutte ; les électeurs de ce département en élisant M. Gellibert des Seguins, conservateur, contre un boulangiste, M. Déroulède et contre un opportuniste, M. Weiler, ont prouvé que, lorsqu'un des leurs se présentait à leurs suffrages, ils ne songeaient pas à égarer sur d'autres noms leurs voix résolûment conservatrices.

Mais lorsque dans la Charente-Inférieure, dans la Somme, dans le Nord, aucun candidat conservateur, pour des raisons locales, n'est en mesure d'aborder la lutte ; lorsque le succès du candidat officiel doit être un triomphe pour le gouvernement ; lorsque, pour faire échec à ce gouvernement dont les conservateurs ne veulent plus, ici le général Boulanger se présente seul, là il prend pour compagnon de lutte un républicain de la veille, M. Kœchlin, rejeté par son parti pour le seul motif, qu'il n'a pas manqué aux égards de la plus élémentaire politesse vis-à-vis d'une princesse de notre vieux sang royal comparaissant devant lui pour épouser un prince étranger ; lorsque la situation se présente si nettement définie, quelqu'un aurait-il compris, je vous le demande, que les conservateurs drapés dans leurs principes, s'abstinssent de manifester leur dégoût, leur volonté d'en finir, et fissent le jeu du gouvernement ?

Allons donc ! Les conservateurs de ces trois départements ont trouvé sous leur main une massue avec laquelle ils pouvaient porter un coup terrible à cet édifice gouvernemental vermoulu ; ils ont saisi la massue, ils ont porté le coup. Ils ont bien fait et ils feront bien, toutes les fois qu'ils se trouveront dans des circonstances semblables.

Compris ainsi, l'effort conservateur ne doit porter le général Boulanger à la Chambre qu'à côté d'une forte majorité conservatrice ; ce sera dès lors aux députés conservateurs de sauvegarder les principes et de protéger les intérêts dont la défense leur est confiée.

Le triomphe des Conservateurs est assuré par le programme de la Ligue.

Tant d'éléments réunis doivent assurer le succès, je ne dis pas assez : le triomphe des conservateurs aux élections de 1889 ; à une condition cependant, c'est qu'ils s'organisent, là où l'organisation fait défaut ; c'est qu'ils achèvent de s'organiser, là où, comme ici, leur organisation est déjà puissante. Travail fastidieux, persévérant, nécessaire de révision des listes électorales, pour vous protéger, dans la mesure du possible, contre ces fraudes dont l'administration de Tarn-et-Garonne a pris la singulière habitude ; recrutement sans relâche des adhérents à votre cause ; telle est la tâche à laquelle vous convient vos élus, à laquelle vous ne faillirez pas.

Dans notre siècle, en France, c'est au peuple de se sauver lui-même, puisque la constitution démocratique de notre société et le suffrage universel ont mis, entre ses mains, avec le bulletin de vote, l'arme qui sauve ou qui perd. La vie publique est devenue un devoir pour tous ; nul ne peut s'y dérober.

Dieu sauve la France!

Il n'est que temps de triompher ; chaque heure qui s'écoule accumule les ruines, grossit les dangers. Marchez donc, courageux, obstinés, à la lutte qui doit arracher l'âme de la France, l'âme des générations futures, à ceux qui la déshonorent. A cette mission d'apôtres, apportez l'enthousiasme qui sera le gage du succès ; et dans cette lutte où les droits de votre conscience sont en jeu, combattez, sans oublier qu'après tous vos efforts généreusement dépensés, il vous restera à solliciter et à attendre du plus précieux des auxiliaires le secours qui décidera de la victoire : *Dieu sauve la France!*

STATUTS

—

LIGUE DE LA CONSULTATION NATIONALE

La réunion plénière des Droites de la Chambre des Députés a adopté, dans sa séance du 25 mai 1888, la résolution suivante :

La réunion plénière des Droites de la Chambre des Députés affirme de nouveau sa volonté de poursuivre sans relâche, devant le Parlement et devant le pays, la dissolution de la Chambre, pour arriver, par la révision des lois constitutionnelles, à la consultation directe de la nation. En conséquence :

ARTICLE PREMIER. — Une Association est formée entre les comités, groupes ou personnes, qui adhèrent aux présents statuts en vue d'arriver à l'exécution de la résolution ci-dessus.

Elle prend le nom de : *Ligue de la Consutation nationale.*

ART. 2. — Le siège de la Société est à Paris.

ART. 3. — La Ligue de la Consultation nationale a pour but d'éclairer le pays, en organisant la propagande, par des publications, des conférences, des réunions privées et publiques, et, d'une façon générale, par tous les moyens légaux.

ART. 4. — Les membres de la Ligue portent le titre d'adhérent. Tout adhérent, que le chiffre de sa souscription soit supérieur ou inférieur à la somme de douze francs, a droit à une carte. — Aucun nom ne sera publié sans l'autorisation formelle et par écrit de l'adhérent.

ART. 5. — Les groupes ou comités, qui deviennent membres de la Ligue de la Consultation nationale, conservent leur entière indépendance, leur organisation et leur administration spéciales.

ART. 6. — La Ligue est représentée par un Comité d'action siégeant à Paris. Le Comité d'action pourvoit, d'une manière générale, à toute l'administration de la Ligue. Il statue sur les admissions.

ART. 7. — La délégation de la réunion plénière des droites forme le Comité d'action.

Il est composé de : **MM. le duc de Doudeauville, Jolibois, baron de Mackau, Berger, marquis de Breteuil, Paul de Cassagnac, Chevreau, Delafosse, comte de Maillé, comte de Martimprey, Albert de Mun, Jacques Piou.**

BULLETIN D'ADHÉSION [1]

Je, soussigné (nom, prénoms et qualité)..

....

.demeurant à..

....

.déclare adhérer à la **Ligue de la Consultation nationale** et m'engage à verser à son Trésorier la cotisation de..

A.. le..

Indiquer ici par **oui** ou **non**
{ 1º Si le non du signataire pourra être publié }..
{ 2º Si le signataire désire recevoir une carte }..

SIGNATURE

(1) En cas d'acceptation, détacher ce bulletin, et le renvoyer à M. Jules AUFFRAY, Secrétaire général de la Ligue, à Paris, rue de Bourgogne, nº 3. Faire parvenir en même temps le montant de la souscription en mandat, bon de poste ou timbres-poste.

SAINT-GERMAIN-EN-LAYE

DOIZELET — IMPRIMERIE DU COMMERCE

5 et 7, rue Saint-Pierre, 5 et 7.